글을 쓴 요시모토 유키오는 도쿄 학예대학 교육학부를 졸업하고, 도쿄에 있는 에도가와 구립 카사이 초등학교에서 한국 아이들과 중국 아이들을 위한 일본어 학급을 맡아 선생님으로 일했어요. 그리고 1995년에는 <한일 합동 수업 연구회>를 만들어 한국·일본·중국의 국제 교류 연구회도 개최하였고, 2003년에는 도쿄도에 있는 초등학교에서 일본어를 가르치다가 2009년도에 퇴직하였어요. 작품으로 《생명의 만남》, 《지금, 교사는 무엇을 하면 좋은 것인가》 등이 있어요.

그림을 그린 마루야마 사토시는 1968년 일본의 기후현 아이치현에서 태어났어요. 오사카부립대학 경제학부와 MASA MODE ACADEMY OF ART를 졸업하고, 주로 책표지를 만드는 일, 잡지와 광고에 삽화를 그리는 일을 하고 있어요. 그린 책으로 《닌자 산타》, 《후지산입니다》, 《이런 일이 있었다》, 《흰색과 검은색》 등이 있어요.

글을 옮긴 김영주는 이화여자대학교를 졸업하고 일본의 도쿄대학교에서 공부했어요. 일본에서 출간되는 좋은 책을 소개하는 일을 꾸준히 해 오고 있어요. 옮긴 책으로는 《큰집 작은집》, 《웃어요! 하마 치과의사 선생님》, 《어린이를 위한 진화 이야기》, 《지구가 100센티미터의 공이라면》 등이 있어요.

꿈터 지식지혜시리즈 50 **나 좋은 점 가득**

초판 발행일 2016년 10월 14일 초판 5쇄 발행 2023년 1월 11일
글 요시모토 유키오 그림 마루야마 사토시 옮김 김영주
펴낸이 허경애
편집 김하민 디자인 최정현 마케팅 정주열
펴낸곳 도서출판 예원미디어&꿈터 출판등록일 2004년 6월 16일 제313-204-000152호
주소 서울시 마포구 양화로 156, 엘지팰리스빌딩 825호
전화번호 02-323-0606 팩스 0303-0953-6729 E-mail kkumteo77@naver.com
블로그 http://blog.naver.com/yewonmedia 인스타 kkumteo
ISBN 979-11-85801-29-2 ISBN 979-11-88240-50-8(세트)

BOKU IIMONO IPPAI: NIHONGO DE MANABU KOOMOTACHI by YOSHIMOTO Yukio, MARUYAMA Satoshi Copyright Ⓒ 2014 by YOSHIMOTO Yukio, MARUYAMA Satoshi All rights reserved. Originally published in Japan by Kodomo No Miraisha Korean translation rights arranged with Kodomo No Miraisha through BESTUN KOREA AGENCY Korean translation rights Ⓒ 2016 YEWON MEDIA&DREAM SPACE PUBLISHING COMPANY
이 책의 한국어판 저작권은 베스툰 코리아 에이전시를 통해 일본 저작권자와 독점 계약한 '꿈터'에 있습니다.
저작권법에 의해 한국 내에서 보호를 받는 저작물이므로 무단전재나 복제, 광전자 매체 수록 등을 금합니다.

이 도서의 국립중앙도서관 출판예정도서목록(CIP)은 서지정보유통지원시스템 홈페이지(http://seoji.nl.go.kr)와
국가자료종합목록시스템(http://www.nl.go.kr/kolisnet)에서 이용하실 수 있습니다. (CIP제어번호 : CIP2016019079)

어린이제품안전특별법에 의한 제품 표시
제조자명 꿈터 | 제조연월 2023년 1월 | 제조국 대한민국 | 사용연령 만 4세 이상 어린이 제품 | 주의사항 종이에 베이거나 긁히지 않도록 조심하세요. 책 모서리가 날카로우니 던지거나 떨어뜨리지 마세요. KC 마크는 이 제품이 공통안전기준에 적합하였음을 의미합니다.

* 잘못된 책은 구입하신 서점에서 바꾸어 드립니다.

꿈터는 예원미디어의 유아·어린이·청소년 책 브랜드입니다.

다문화 아이들 이야기

내 좋은 점 가득

요시모토 유키오 글 ★ 마루야마 사토시 그림 ★ 김영주 옮김

외국에서 살다가 자기 나라로 들어와서 살게 된 아이들, 이민 와서 살게 된 아이들, 국제결혼을 한 엄마와 아빠 사이에서 태어난 아이 중에는 어렸을 때 자기 나라 언어가 아닌 다른 나라의 언어로 말을 배우기 시작한 경우가 많습니다. 이 책에서 소개하는 글과 시는 이 아이들이 처음 학교에서 언어를 배우면서 쓴 것입니다. 언어를 배우기 시작한 지 얼마 되지 않아 아직 말을 잘하지 못하지만, 아이들은 아주 열심히 썼습니다.

◆ 교실 안의 알림판에 적혀 있는 글자는 오른쪽 위에서부터 "우리들은 친구"라고 쓴 한글이고, 그 옆의 한자는 "우리는 친구"라는 중국어이며, 그 옆의 것은 "잘 잤니?" "안녕!" "잘 가"의 뜻을 모두 가진 태국의 인사말(태국은 여자와 남자가 쓰는 말이 달라요)입니다.

스포토는 부모님이 일본에서 운영하시는 식당에 손님이 많아서 아예 일본으로 이사를 왔어요. 스포토는 일본에서의 학교생활이 재미가 없어 수업시간에도 교실을 이리 왔다가 저리 갔다 하는 개구쟁이입니다. 그런데 어느 날 갑자기 이 글을 써 왔어요.

나의 미래

어제 나는 일본어로 공부하지 않았다.
선생님이 슬픈 표정을 지었다.
왜?
나는 미안했습니다.
일본어 못한다. 재미없습니다. 선생님 죄송합니다.
나는 크면 태국에 돌아갈 수 있을지 모르겠습니다.

스포토 (태국, 9살 남자아이)

심심했다.
만화책을 보았다.
혼자서 자는 것이
싫었다.

케스야는 항상 생글생글 웃고 다니는 남자아이로 먹는 것을 아주 좋아해요. 어려서부터 일본말을 할 줄은 알았지만, 글씨는 쓰질 못했어요. 그런데 케스야가 엄마에 대해 적은 이 〈밤〉이란 글짓기를 한 다음부터는 글도 매우 잘 쓰게 되었어요. '케스야의 기적'이 시작되었던 거죠.

밤

케스야 (태국, 8살 남자아이)

5월 25일
밤에 엄마가 밥을 했다.
엄마는 일하러 갔다.
나는 혼자 집에 있었다.

오백 엔짜리 동전 하나만 있으면 삼각 김밥과 주스를 사고도 거스름돈을 받을 수가 있지요. 오늘은 용돈을 못 받아 조금 아쉬워하는 기분과 함께 "나 멋져 보이지 않나요"하고 뽐내는 케스야의 모습을 엿볼 수 있네요.

* 오백 엔은 우리나라 돈으로는 오천 원 정도 됩니다.

매일 오백 엔

케스야 (태국, 8살 남자아이)

11월 15일
어제 엄마가 바빠서 밥을 못 했다.
엄마는 아침에 집에 온다.
엄마는 너무 피곤하다.
내가 아침밥을 못 먹으니 엄마가 오백 엔을 주었다.
"삼각 김밥 사 먹어."
나는 삼각 김밥과 주스를 샀다.
오늘은 엄마가 돈을 주지 않았다.

수업이 시작되었는데, 케스야가 "화장실에 가고 싶어요"라고 말하고는 연필을 들고 교실을 나갔어요. 내가 "어디 갔었니"라고 묻자 "헤에~~"하고 웃으며 아양을 떨었어요. 이 글을 보고 케스야가 뭘 했는지를 알 수 있었어요.

파리

케스야 (태국, 8살 남자아이)

파리가 바닥에 떨어져 있었다.
파리는 복도에서 다리만 조금 움직였다.
날개를 움직이지 못한다.
죽으면 어떡하지.
너무 불쌍하다.
내가 도와줘야지.
연필로 일으켜 주었다.
파리는 밖으로 날아갔다.
기분이 좋았다.

냉장고

오오야 (일본, 11살 남자아이)

선생님 우리 집에는 냉장고가 두 개 있어요.
큰 냉장고는 일본 사람 거,
작은 냉장고는 태국 사람 거.
아빠는 태국 음식은 냄새가 나고 더럽다고 말해요.
엄마는 언제나 혼자서 헤드폰을 꽂고 태국 노래를 들어요.

오오야가 말한 것을 듣고 적은 글입니다. 오오야는 일본인 아빠와 태국인 엄마 사이에서 태어났어요. 어떤 가족이든 항상 사이가 좋은 것은 아닌데 오오야의 부모님은 왜 그런 걸까요?

엄마

제니 (한국, 9살 여자아이)

우리 엄마는 아침에 나갔다가
아침에 집에 돌아옵니다.
우리 엄마는 일하러 갑니다.
우리 엄마는 사장님이라서 매일 가게에 가요.

아줌마는 나에게 친절해요.
밥도 해 주세요.
공부도 같이해요.
함께 텔레비전도 봐요.

제니가 쓰고자 했던 것은 항상 바쁜 엄마의 모습입니다. 제니의 엄마는 굉장히 바쁜 것 같아요. 제니는 자신을 돌봐주는 아줌마와도 잘 지내고 있는 듯해요.

미우는 학교에서 한국 연극을 보고 나서 감동을 글로 쓰기 시작했어요. 그런데 쓰다가 연필을 든 손을 멈추었어요. 그리고 "한글을 잊어버렸어요"라고 말했어요. 이 글짓기는 앞부분은 일본어로, 중간 부분부터는 한글로 적었어요.

한국

미우 (한국, 10살 남자아이)

나는 한국을 매우 좋아한다.
가장 좋아하는 것은 한국 사람이다.
한국 사람은 친절해서 좋다.
일본에 온 지 일 년이 지났다.
그런데 나는 한국말을 잊어버렸다.
나는 슬프다.
나는 이대로 일본 사람이 되는 걸까?

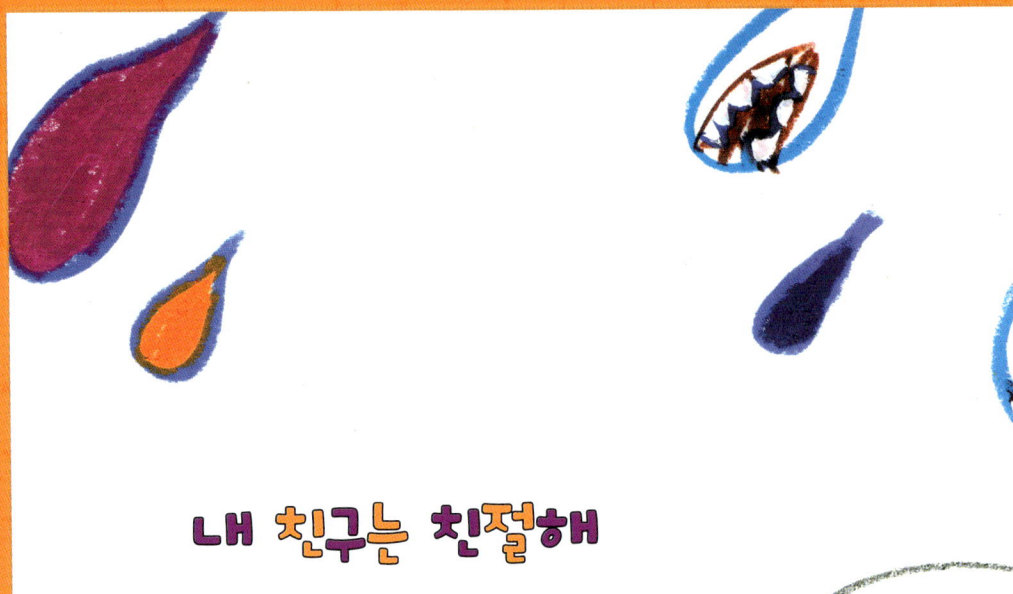

내 친구는 친절해

론이 (한국, 9살 남자아이)

처음 일본에 왔을 때,
친구에게 왕따를 당했다.

"한국인 바보."
나는 매우 싫었다.

론이의 아빠는 일본 사람이고, 엄마는 한국 사람입니다. 일본 사람도 한국 사람도 아니라는 사실. 론이는 자신감을 잃었을 때, 친구들에게 욕을 들은 적이 있는데 마음이 너무 아팠다고 해요.

왜 그런 일을 하는 걸까?
몰랐습니다.

한국인이 싫은 걸까?
나는 한국이 매우 좋습니다.

한국의 친구들이 친절했다.
지금, 한국 친구들 없으니까 힘듭니다.

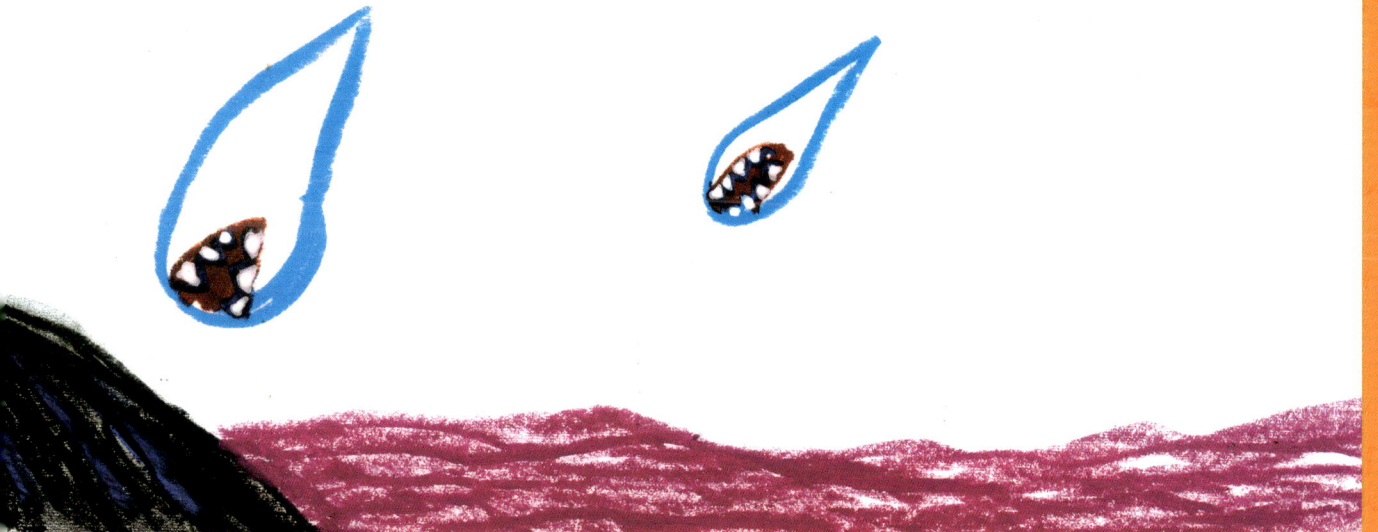

론이는 친구들에게 따돌림을 당했을 때, 엄마에게 말하지 못했데요. 하지만, 론이와 같은 반 친구인 영재가 론이의 기분을 대신 글로 적었어요. 영재도 수업이 너무 어려워 학교에 자주 안 갔고, 친구들이 자기 책에 낙서하면서 놀렸던 적이 있었어요.

따돌림

영재 (한국, 10살 남자아이)

왕따 당했던 일은 나도 있습니다.
나는 이렇게 생각했습니다.
말하는 사람에 대해 신경 쓰지 않는 것이 좋다고 생각합니다.
바보라는 소리를 들어도 화내지 않는 게 좋습니다.
왜냐하면, 싸움이 되기 때문입니다.
계속 들어왔다면 화를 냅니다.
별로 말하지 않았다면 참습니다.
"기운 차리고 힘내."

론이는 학교에서 김치에 대해 배웠어요. 김치에 꼭 들어가는 고춧가루는 콜럼버스가 신대륙 아메리카에서 유럽에 전했던 것인데, 한국에도 그 고춧가루가 들어온 것이라고 해요. 물건과 사람들이 서로 교류를 하지 않았다면 맵고 맛있는 김치는 먹을 수 없었을 거예요! 이것은 론이에게도 큰 발견이었어요.

나는 한일본인

론이 (한국, 9살 남자아이)

일본 아빠와 한국 엄마와 만나서
나는 태어났습니다.
김치와 같습니다.
그래서 나는 한일본인입니다.
좋은 점이 가득 있다고 생각합니다.

아이코에게

아이코야, 너는 지금 어디?
건강하게 힘내!
우리 아빠와 엄마 싸울 때 나는 내 마음에 힘내라고 말한다.
기회가 있으면 학교에 와!
모두 너를 걱정하고 있어.

태국에서 온 아이코의 엄마가 어느 날 경찰서로 잡혀갔어요. 그때부터 아이코는 아동보호소로 갔고, 학교에 오질 않았어요. 아이코는 테일러와 친구들의 마음에 깊은 상처를 남기고 떠났어요.

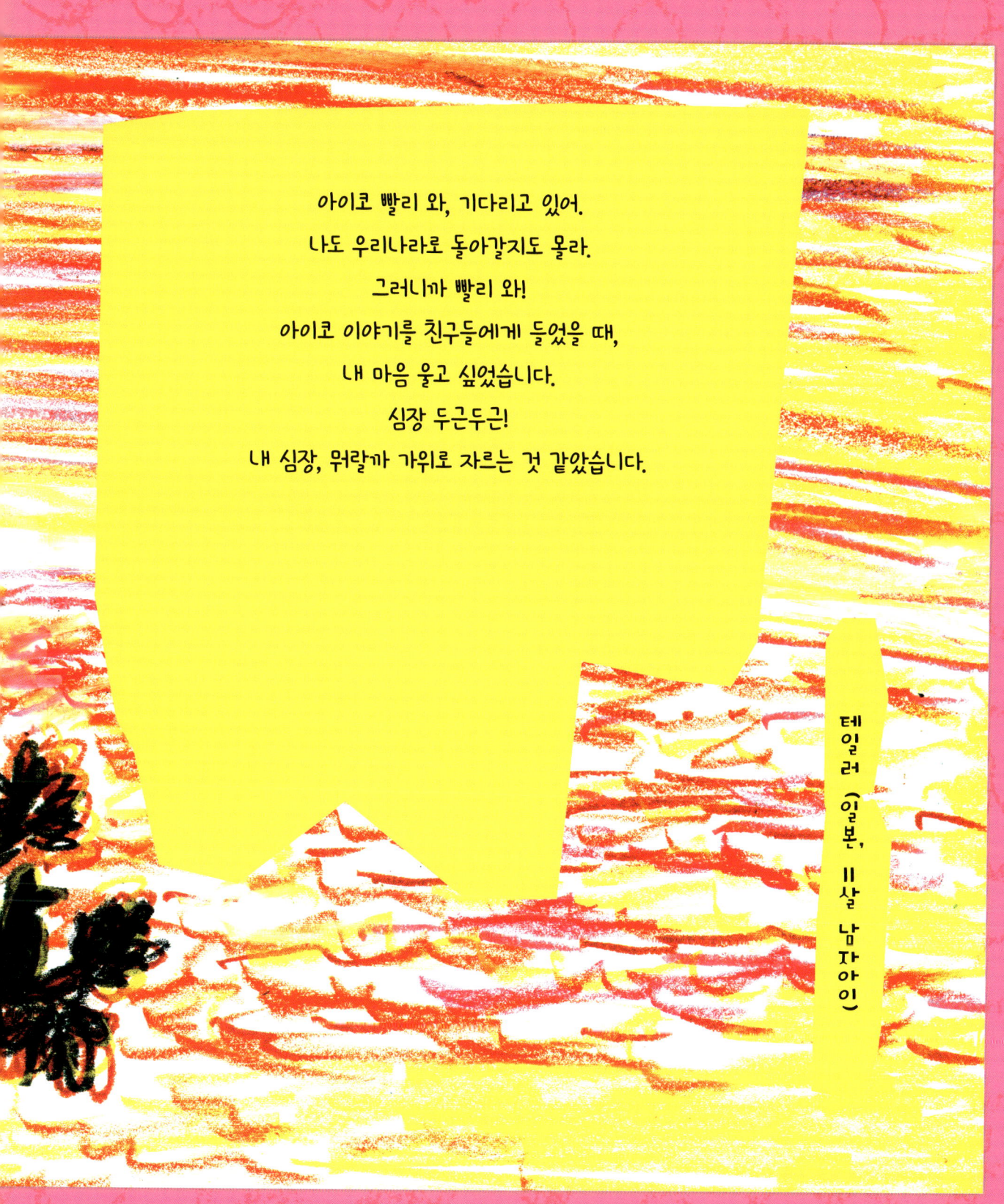

아이코 빨리 와, 기다리고 있어.
나도 우리나라로 돌아갈지도 몰라.
그러니까 빨리 와!
아이코 이야기를 친구들에게 들었을 때,
내 마음 울고 싶었습니다.
심장 두근두근!
내 심장, 뭐랄까 가위로 자르는 것 같았습니다.

테일러 (일본, 11살 남자아이)

나

샤 (중국, 12살 여자아이)

나는 아주 이상한 아이일까요?
나는 친구와 노는 것을 좋아해요.
나는 외톨이가 되고 싶지 않아요.
그래서 지금 열심히 친구를 만들어요.
나는 웃는 것을 정말 좋아합니다! 나 항상 웃지 않나요?
나는 동물을 좋아해요. 강아지, 고양이, 햄스터가 아주 좋아요.

나는 중국 사람이라 중국이 너무너무 좋아요.
중국 음식과 물건들을 많이 좋아해요.
나는 내가 좋다, 나는 나를 아주 좋아한다~~!

샤는 상하이에서 온 멋쟁이 소녀예요. 과자점에서 직원으로 일하는 엄마를 따라 일본에 왔어요. 일본에 처음 왔을 때는 중국에 있는 친구들이 생각나서 상해에 있는 친구들에게 매일 전화를 걸었어요.

작가의 말

처음 교사가 되었을 때, 선배 교사에게 배운 말이 있습니다.

"어떤 아이든, 아이들은 아이들 나름의 고민과 생각을 하고 있다. 교사란 그것을 아는 것에서부터 시작해야 한다."

교사로서의 저의 생활은 실패와 혼란의 연속이었습니다. 그래도 저는 '아이들을 이해해야 한다는 것'을 절대 잊으면 안 된다고 생각했습니다. 저는 교사로서의 마지막 생활을 도쿄 신주쿠구에 있는 초등학교에서 했는데, 그곳에서 외국에서 온 아이들을 만났습니다.

아이들은 가족의 사정에 따라 일본에 온 경우가 많습니다. 어느 날 갑자기, 익숙한 환경과 친구를 떠나 일본이라는 낯선 곳으로 오게 됩니다. 그 아이 중에는 부모님이 일본에 왔다가 국제결혼을 해서 태어난 경우도 있습니다.

아이들에게 일본생활을 하면서 겪는 새로운 경험은 즐거운 일입니다. 하지만 일본에서의 생활은 즐겁기만 한 것은 아닙니다. 일본에는 외국과 아시아에 대한 편견과 차별이 있어서 아이들이 슬프고 고통스러운 체험을 하는 경우가 있습니다. 또한, 다른 나라에서 살게 됨으로써 느끼게 되는 여러 감정도 있을 것입니다.

이 아이들에게는 외국에 또 다른 하나의 고향이 있고, 그곳에서는 자기가 잘하는 말을 할 수가 있습니다. 하지만 일본에서는 집만 나가면 말을 잘 하지 못합니다. 알고 있는 일본어 단어도 일본에서 태어나서 자란 아이들보다 적어서 자신감을 잃는 경우도 많습니다.

그렇지만 그런 아이들이 하는 말과 글 속에는 강한 힘이 담겨 있습니다. 저는 '나만의 말'을 만들어낸 아이들을 칭찬합니다. 그리고 자신 있게 말하라고 가르칩니다.

여기에 소개한 아이들의 말과 글에서 친절함, 늠름함, 유머와 같은 것을 느끼실 수 있다면… 좋겠다는 생각을 합니다.

추천사

일본 동경 요시모토 유키오선생님 교실은 중국, 태국, 필리핀, 한국에서 온 아이들과 일본 아이들이 함께 일본어를 배우는 곳입니다. 아이들은 자신의 뜻과 상관없이 일본에 와야 했고, 낯선 곳에서 외로움과 괴로움을 온몸으로 겪으며 살아갑니다.
얼마나 힘이 들까요. 모든 아이들은 다른 나라에 가면 다문화가정 아이가 됩니다.

일본에서 열린 한일합동교육연구회 교류회에서 이 책을 처음 만났을 때, 밝고 활달한 그림이 좋아서 보고 또 보았습니다.

서툰 일본어지만 솔직하게 써낸 아이들 글을 보고 말할 수 없이 큰 감동을 받았고, 또 다문화가정으로 산다는 것은 분명 힘든 일이지만, 어려운 가운데서도 좋은 점이 있다고 말하는 아이들을 발견할 수 있었습니다. 아이들은 모두 좋은 점이 가득 있는 작은 사람들입니다.

서로에게 힘내라고 응원하면서 꿋꿋하게 살고 있는 아이들과, 아이들 마음과 글을 고스란히 살려내는 요시모토 선생님의 큰 마음을 만날 수 있는, 이 아름다운 책을 이 땅의 선생님들께 소개하고 싶습니다.
아이들에게 읽어주니 "나도! 좋은 점 가득!"이라고 말해주었어요.
교실마다 "나도! 좋은 점 가득!"이 울려 퍼지면 좋겠습니다.

《책 읽는 교실》 저자 여희숙